MANIFESTE

CONTRE

L'ANGLETERRE

OU

Conseils aux Électeurs et Députés,

Avant, pendant et après les élections,

Par L'ÉPICIER.

Pour réveiller son courage endormi, la France attend-elle de l'Étranger qui, de depuis douze ans, lui jette l'insulte à la face, qu'il en vienne enfin à lui donner de sang-froid des soufflets?

Quand un grand peuple a descendu le courant de la vie et voit l'agonie s'approcher, il a beau raidir son bras impuissant; la rame qu'il agite en vain lui échappe, et il n'est pas donné à la barque de remonter, à elle seule, le reflux.

Le monde sait pourtant bien que la France est le plus vieux, le plus intrépide soldat de l'Europe.

PRIX : 50 Centimes.

A PARIS,

Au Cabinet de Lecture du Passage DELORME,
Et chez tous les Libraires.

1842.

PARIS. — IMP. DE A. APPERT, PASSAGE DU CAIRE, 54.

MANIFESTE
Contre l'Angleterre.

PAR UN ÉLECTEUR-ÉPICIER.

Lorsque l'on pense au point d'abaissement auquel la France est descendue de nos jours, chacun se demande sérieusement quelle doit être l'issue de la crise déplorable où nous la croyons engagée.

Quand un pays a vu ses espérances, si grandes et si nombreuses dans leur principe, s'arrêter tout à coup, puis s'amoindrir, puis s'écrouler successivement, une à une; et n'attendre enfin que l'action du temps pour s'anéantir à jamais; sans doute que ce pays a dû bien souvent, dans l'intervalle de chaque ruine, s'interroger lui-même, et se demander avec inquiétude, s'il devait espérer quelque chose encore de son avenir.

Et cela est arrivé surtout chaque fois qu'il s'est agi, pour ce pays, de se choisir des représentants; mais jamais peut-être cette question ne s'est faite, comme aujourd'hui, ni avec autant d'intention, ni avec autant d'intérêt.

Aujourd'hui, les espérances, fruit de la dernière de nos révolutions, n'existent plus ; et tout le monde connaît trop bien quelle était leur nature, ce qu'elles devinrent, et quels sont les hommes qui les confisquèrent si adroitement, pour qu'il ne soit pas inutile d'en parler.

Si, à l'heure où nous sommes, on se fait cette éternelle question, d'une manière et plus vive et plus instante, c'est qu'il s'agit en vérité de charges tout autrement importantes que des espérances de la révolution de juillet ; car, c'est un fait depuis longtemps acquis et d'une manière irrévocable à l'histoire, que la France n'a jamais ignoré ce que c'était que l'honneur ; et qu'aujourd'hui où, plus que jamais, elle aurait besoin de s'en souvenir, elle semble au contraire l'avoir complètement oublié.

Que penser d'un pays, quand nous voyons des hommes qui connaissent et l'honneur et la gloire, regarder, avec indignation et mépris, tout ce qui se passe autour d'eux, et, eux aussi, plus que tous les autres, adresser à la France une question, d'autant plus terrible et d'autant plus humiliante, que, dans le passé qui prend ces longues années de notre honte, nul n'avait osé la lui faire ; et cette question est celle-ci :

Pour réveiller son courage endormi, la France attend-elle de l'étranger qui, depuis douze ans, lui jette l'insulte à la face, qu'il en vienne enfin à lui donner de sang-froid, des soufflets?

La France est-elle un de ces malades, chez qui la généreuse nature surmonte la violence du mal, ou bien, l'un de ces corps débiles et affaiblis, pour qui le moindre coup c'est la mort?

Et, en les entendant parler ainsi, nous nous sommes dit qu'il était bien cruel de voir mourir son pays; de le voir mourir, quand il pourrait être encore plein de vie, et que sa poitrine n'attend que l'instant où elle sera débarrassée de l'énorme poids qui l'oppresse, pour respirer librement.

Electeurs de mon pays, le moment de la franchise est venu, et je vous le dis, avec toute la liberté de mon cœur de citoyen : Si vous ne soulevez le poids qui, depuis douze ans, pèse, par vos mains, sur la poitrine de la France, encore un peu de temps, et vous aurez étouffé sa vie et son généreux courage, pour toujours; tout à coup, la même tempête de maux vous enveloppera, et, trop tard, vous voudrez résister, et pour elle et pour vous.

Quand un pays a descendu le courant de la vie et qu'il voit l'agonie s'approcher, il a beau s'efforcer de raidir son bras impuissant; la rame qu'il agite en vain lui échappe, et il n'est pas donné à la barque de remonter à elle seule le reflux.

Electeurs, c'est à vous que je m'adresse, parce

que c'est bien vous qui avez réellement couché le pays sur le lit de la souffrance ; les uns, en contribuant, de toutes vos forces, à maintenir les divers pouvoirs qui se sont persévéramment continués dans une seule et même pensée, en dépit du changement des personnes ; imitateurs malhabiles, qui, voulant parodier, sans doute, cette Angleterre tant vantée, que l'on a vue, malgré l'appel aux affaires des différents hommes politiques, pousser toujours la même idée vers un même but, sans oublier sa gloire ; tandis que la gloire de nos ministres n'est pas encore parvenue jusqu'à nous ; dois-je en dire autant de leur honte ?

Les autres, par l'obstination de vos consciences, dont un déplorable scrupule vous a tenus, trop longtemps, éloignés du champ de la bataille électorale, où vous pouviez être si puissants.

C'est ainsi que vous semblez vous être tous fatalement entendus, pour faire, chacun de votre côté, ce qu'il y avait de plus mauvais à faire, en dehors des intérêts et du salut du pays.

Electeurs, rappelez vos souvenirs, vos impressions ; mettez la main sur vos consciences, et dites-moi s'il fut jamais honte semblable à la nôtre.

Encore, si cette honte n'avait pas dépassé nos frontières ; si nous en étions seulement à rougir de nous-mêmes ; mais c'est que cette honte hideuse est partout ; c'est qu'elle s'est faite aussi conquérante, à son tour ; c'est qu'elle a fait le même chemin que fit, en des temps plus heureux, notre gloire ; comme elle, elle a couru, d'un bout du pôle à l'autre, et sa course a duré douze ans.

Le monde sait pourtant bien que la France est le plus vieux, le plus intrépide soldat de l'Europe ; mais en le voyant ainsi l'arme au bras et immobile, l'Europe croit qu'il n'a que trop oublié de vaincre, pour oser sortir encore son épée du fourreau.

Electeurs, répondez, pour l'honneur du soldat français, qu'il se repose, et si vous menacez l'étranger de lui donner des preuves irrécusables de son réveil, l'étranger s'arrêtera.—*l'Angleterre surtout*, l'Angleterre qui est la plus ancienne et la plus implacable rivale de la France, sachons-le bien. L'Angleterre qui, en vérité, n'a jamais traité la France comme elle la traite aujourd'hui ; elle ose la regarder comme sa vassale! ne semblerait-elle pas se croire encore à ces temps fortunés où ses rois, fendant les flots qui nous séparent, plantaient fièrement leurs lances sur notre continent; faisant savoir à l'Europe qu'ils venaient revendiquer leur royaume de France.

Plus que jamais, les Anglais semblent se ressouvenir de Crécy, de Poitiers et d'Azincourt, et plus tard de Waterloo. Mais, ce dont ils affectent de ne plus garder aucune mémoire, c'est de cette persévérante colère, de cette indomptable énergie que montra la France; car les conditions de la paix de nos vainqueurs sont inacceptables pour l'honneur et la gloire d'un peuple comme le nôtre, tant que ce peuple est encore debout; tant que l'honneur reste debout avec lui.

Français, n'arrachez pas ces pages de notre histoire! par elles vous apprendrez que les malheurs qui vinrent frapper une nation généreuse et son roi, à qui son honneur et le bien de son pays furent toujours plus chers que la vie, ne sauraient ni la perdre ni la flétrir.

Ce sont des ruines imposantes sur lesquelles viendra se reposer l'admiration de la postérité, afin de mieux contempler la majesté de ce bel édifice.

Pour nous, hâtons-nous de lui rappeler aussi, et en même temps rappelons à notre pays, trop oublieux, ce qui fut fait, alors et depuis successivement jusqu'à leur expulsion entière de nos provinces, et enfin jusqu'à nos dernières luttes avec elles et l'Europe coalisée.

Je ne dirai pas qu'on a beau tenir notre roi Jean prisonnier, avoir pied en France, comme chez soi; envain songe-t-on à demander pour la paix nos meilleures provinces, s'emparer de nos meilleurs ports, entraver même et gouverner le cours de la Seine.

La fortune est changeante; elle le sait, et profite de l'occasion que donne le triomphe, car elle se ressouvient de Bouvines, où elle n'était pas étrangère.

Qu'à cette époque, se développe son effrayante activité commerciale qui lui a donné l'empire des mers. Dès la veille de la bataille de Crécy, elle débauche les ouvriers de notre Flandre opulente, pour tisser ses laines. Dès-lors comme aujourd'hui elle adopte ce principe, qu'elle doit s'approprier tout ce qui lui semble bon, tout ce qui lui manque.

D'ailleurs, ne faut-il pas que nous ne puissions jamais nous avancer sur les flots à sa rencontre.

La progression comparative des deux peuples; leurs guerres l'un contre l'autre, ou chacun chez eux séparément; mais le génie britannique, surtout dans l'invasion des Indes, nous fourniront, dans une esquisse rapide, d'utiles renseignements pour la juste appréciation de notre époque dans son abaissement politique et dans son oubli de l'honneur national.

Mais, nos pères et leur vertueux roi ne se manquent pas à eux-mêmes; ils réparent leurs pertes et font relâcher l'Angleterre de ses prétentions. Quant aux provinces qu'un traité leur cédait, elles dirent énergiquement que *si on les avait données, pour elles, elles ne s'étaient point données.*

Plus tard vous savez ce que notre garde impériale disait encore à Waterloo.

Electeurs, que l'Angleterre, aujourd'hui encore, entende pour notre indépendance, ces généreuses paroles; et nos libertés, déjà livrées, le droit de visite, déjà consenti, ne seront point la proie de l'Angleterre.

Inquiétés de toutes parts, les Anglais comprennent que si la France était bonne à prendre, elle n'est point aussi facile à garder? Ils n'ont plus d'armée en campagne; leur trésor est vide.

Charles V et Duguesclin ont bien mérité de la France.

Ne parlons pas d'Azincourt; ni de notre capitale, conquise par le vaillant Henri V, d'Angleterre.

Charles VI fou, la reine sa femme infidèle au roi et à la France dont elle livre la capitale; Charles VII, son fils, loin d'être encore *le victorieux*, cité, comme un débiteur, à comparaître dans le délai de trois jours! Notre-Dame Guesclin ! c'est trop.

Mais Jeanne d'Arc paraît et ne cueille la couronne du martyre qu'après avoir donné celle de France au *Roi de Bourges.*

Battu, pourchassé, l'Anglais reprend le chemin de la mer, épuisé d'or et de sang; et Calais, son dernier pouce de terrain, va tomber bientôt devant le grand Guise.

Tandis que la France se raffermit sous Louis XI, l'Angleterre se déchire elle-même à son tour. La bataille de *Tonnson* confond et mêle les haines de

Lancastre et d'York dans la mer de sang de la Rose rouge et de la Rose blanche; sanglantes hécatombes qui réjouiraient un peuple moins généreux, mieux habitué que nous à la victoire.

Vengeance encore pour nous dans la campagne contre l'église et dans la promulgation du *statut du sang* qui fait couler celui des évêques Ficher et Thomas Morus, pour la suprématie d'Henri VIII.

De telles horreurs, au milieu de celles qui les précèdent et qui les suivent, rendent bien vraie l'opinion de M. Royer-Collard émise à la tribune il y a plus de vingt ans : « *Qu'aucun pays n'a* « *produit une aussi grande suite de bons rois que* « *le nôtre.* »

Raidi contre tous les obstacles, patiemment formé à la liberté, le caractère anglais acquit ce patriotisme persévérant qui a sauvé les Anglais de tant de revers et les a élevés si haut par l'indignation et le redressement des insultes.

Toutefois, le coup que nous allons leur porter restera impuni *Calais*, leur dernière espérance, *Calais* qui avait coûté onze mois de siège au roi Edouard III, attaqué, bloqué et conquis en huit jours par le duc de Guise, s'imprime si profondément dans leur orgueil humilié, que la reine Marie disait souvent avant de mourir qu'on trouverait, gravé dans son cœur, le nom de Calais.

Ici, la France et l'Angleterre semblent s'oublier

longtemps ; on ne voit aucun de ces grands conflits qui ne finiront que lorsque l'une d'elles se sera définitivement reconnue la vassale de l'autre.

Chacune de ces deux nations développe alors sa puissance selon ses vues ou son caractère.

La France acquit plus d'unité, plus de ressources, par les luttes de la Ligue qui lui donnèrent Henri IV, Sully qui précéda Richelieu, Richelieu qui prépara Louis XIV et ses gloires.

Commerçante par vocation, l'Angleterre créa sa formidable marine. Les guerres intérieures la poussèrent plus ardente dans la carrière.

Cromwel son lord protecteur, chose étrange ! fut l'allié de la France, et le fameux amiral Richard Black illustra son pavillon aux dépens de l'Espagne et de la Hollande.

Avec Louis XIV, la gloire de la France éclipse toutes les gloires des puissances rivales ; sans en excepter l'Angleterre.

Turenne et Condé nous donnent un renom impérissable ; Catinat nous rappelle Epaminondas et les héros de l'antiquité.

Louis XIV qui, ne jugeait pas la France seulement continentale, comme certains grands politiques de nos jours, la trouvait apte à jouir, pour sa grandeur, de la fécondité du sol, de sa position géographique et du courage de ses habitants.

Il ne voulut pas qu'elle restât en arrière d'aucun peuple.

L'Angleterre avait perfectionné sa marine, il fonda la nôtre; disons aussi que la France de Louis XIV avait Colbert pour ministre; Colbert qui croyait le commerce une ressource indispensable pour la prospérité d'une grande nation.

Nous eûmes plus que jamais des grands hommes; aucun peuple n'aura assez peu de mémoire pour les oublier, aucun ne pourra leur opposer de rivaux sans une prétention qui avoisinerait un orgueil plus que ridicule.

La France ne manqua non plus jamais de marins, de capitaines et d'amiraux. Tourville fit tête aux Anglais unis avec les Hollandais et les battit dans un sanglant combat, dont l'échec de la Hogne n'efface pas la gloire, pour nos forces de mer si jeunes et pourtant si vaillantes. Car la France enfin avec une marine, se révélait à elle, d'une manière inconnue.

La politique de l'Angleterre ne lui fut pas aussi profitable que de nos jours. La paix de Riswick, qui assura les vues de Louis XIV sur l'Espagne, ne laissa à l'Angleterre, en dédommagement de tout le sang et de tout l'or qu'elle avait versés, que la reconnaissance du titre de Guillaume III par le roi de France.

Et plus tard; quand elle continua ses guerres,

quand elle continua cette éternelle politique qui a toujours jeté l'Europe au-devant de la France ; quand Louis XIV, accablé par les revers , car on ne peut toujours vaincre, se voyait dans la nécessité de se déshonorer, en acceptant les infâmes conditions des alliés ; je vous le demande, sans le vif sentiment que la France avait de son honneur, que serait-il advenu ?

Mais sa victoire n'étonnera personne ; car la France alors était unie ; elle marchait tout entière sous le même drapeau, et si la bataille de Denain avait été perdue, quatre cent mille Français se seraient ensevelis sous les débris de la monarchie, plutôt que d'assister, comme aujourd'hui , l'arme au bras, à la honte de la patrie et à sa ruine.

C'est maintenant que va se continuer plus forte que jamais notre lutte avec l'Angleterre. Nous la vaincrons encore à Fontenoy, où le maréchal de Saxe répare et gagne une bataille mal engagée et compromise. Mais jai hâte d'arriver à notre époque.

Enfin, le pavillon français rencontrera celui de l'Angleterre dans les Indes. Notre rivale y était établie depuis longtemps, et, suivant la persévérante intrigue de sa politique, elle avait réussi à se débarrasser des Hollandais, ses redoutables concurrents, qu'elle vainquit autant par son habileté de conduite que par la force.

Nous y vînmes aussi ; car nous ne pouvons,

nous non plus, exister sans commerce. Et quand Labourdonnais eut vaincu les Anglais dans un grand combat sur mer ; quand il se fut emparé de Madras ; quand Duplex eut fait lever le siège de Pondichéry, attaqué par l'amiral Anglais Boscawen, le Français fut pour l'Inde le premier peuple du monde. Qui le dirait aujourd'hui?

, Hélas! si notre vaillance surpassa la leur, nous éprouvâmes plus que jamais aussi combien il est difficile de garder certaines conquêtes contre une nation, à laquelle il serait impossible de trouver, dans l'art de la fourberie, même en les siècles les plus reculés, une rivale. Les Anglais ne purent se résoudre à n'être que des marchands là où nous étions des maîtres; ils mirent tout en œuvre et réussirent à jouir en paix de nos dépouilles; jusqu'à ce que Suffren, d'immortelle mémoire, leur fît reconnaître la France, dans un de ces grands combats qu'ils n'ont jamais oubliés.

Faut-il retracer la manière dont fut occupé le Bengale et la tyrannie de ses conquérants? Jamais, nous pouvons le dire pour notre honneur, la France n'eût été capable d'obtenir de tels avantages dans ce pays et à un tel prix.

L'Angleterre, qui n'avait dans le commencement obtenu qu'avec la plus grande peine la permission d'avoir un comptoir, y règne en souveraine aujourd'hui.

Suivons sa marche ordinaire : Le roi du pays lui accorde à peine d'entretenir d'abord trente soldats; et, bientôt, l'Angleterre, profitant d'une guerre qui s'élève, entre ce roi et l'un de ses voisins, fortifie Calcutta, si petit alors qu'il ne donnait aucun ombrage, si grand aujourd'hui.

Bientôt, elle y met une garnison de trois cents hommes et trouve, par une intrigue du sérail, le secret d'introduire des marchandises au Bengale. Heureusement pour elle, Calcutta qui florissait déjà est détruit, et voilà tout trouvé un juste motif de guerre et l'occasion d'empiètement qu'elle épie.

Clive pénètre en conquérant dans le Bengale, et bientôt l'Angleterre fait et défait les rois.

Nous donnerons, nous aussi, plus tard ce spectacle à l'Europe et à l'Angleterre vaincues ; mais Napoléon s'y prendra par d'autres triomphes.

Elle met un ambitieux sur le trône, à condition qu'il lui paiera tant de millions. Il ne paie pas assez vite parce qu'il trouve le trésor vide ; elle le renverse et le remplace par un autre, et ainsi de suite. Alors, déprédations sur déprédations, prétextes de toute sorte mis en avant, pour ne pas payer ce qu'elle doit aux divers souverains du pays ; introduction forcée de marchandises qu'elle contraint d'accepter à un prix arbitraire et exorbitant ; exportation de celles du pays qui lui paraissent des meilleures et qu'elle n'achète qu'au prix de son bon plaisir.

Étonnez-vous, après cela, d'avoir entendu dire que l'on ait fait de si grosses fortunes dans les Indes? Oui, cela est vrai; mais l'or de cette fortune est teint du sang des nations.

Aujourd'hui, l'Angleterre est toute puissante dans ces contrées, et nous autres français, notre puissance en a presqu'entièrement disparu.

Chandernagor et Pondichéry, que nous possédons encore, lieux autrefois si puissants, peuvent dormir en paix à l'ombre de Calcutta et de Madras.

Mais, il viendra peut-être un jour où la victoire reconnaissant un autre drapeau, pourra enfin venger ces peuples de la tyrannie de l'Angleterre.

Elle s'est rencontrée avec les Affghans; et depuis que l'anglais existe dans l'Inde, aucun échec semblable à celui qui l'atterre aujourd'hui n'est encore venu le frapper; or l'on peut dire, sans calomnie, que lorsque l'anglais nous en parle, l'anglais ne nous dit pas toute la vérité.

Espérons, pour le bien de l'humanité et l'honneur de la justice, que ce jour n'est pas éloigné.

Ah! si nous pouvions reprendre un peu d'ame, reprendre ce cœur français qui enfanta tant de grandes actions; si nous pouvions, avec Lamarque, nous rappeler que le français ne naquit jamais pour faire halte dans la paix à tout prix ou dans la bouc, quand tout se bat autour de lui pour la gloire; si nous pouvions être convaincus de cette immense vérité : qu'il n'y a rien qui porte autant malheur que l'oisiveté ou l'indifférence.

Alors l'Angleterre changerait son langage d'aujourd'hui, je vous le jure. Elle cesserait d'être si fière de ce souvenir de Waterloo, que nous la forcerions d'oublier par d'autres; de ce souvenir que, par fois encore, elle jette insolemment à la France de l'autre côté de son détroit.

Elle qui se vantait dernièrement, par la voix d'un de ses journaux, de ne vouloir pas rouvrir des plaies irritantes; en nous rappelant la marche de l'armée anglaise depuis Cadix jusqu'à nous.

Waterloo, nom que j'ai déjà prononcé, champ de bataille qui nous fit ressentir des douleurs dès longtemps inconnues.

Anglais, vous qui restâtes debout, nous qui tombâmes en gens de cœur, ne nous disputâmes-nous pas, vainqueurs et vaincus, la même gloire!

Faute immense sans doute, selon nos honorables ministres, qui emploient sans se cacher à nos yeux tous les moyens qui sont en leur pouvoir pour faire oublier à cette gracieuse rivale qui les trompe, la coupable audace que nous avons eue de lui résister et d'obtenir de sa générosité si sincère, si éprouvée, le pardon de cette offense. Oh! nous le croyons sans peine, ils la lui eussent complaisamment épargnée, eux , cette offense, s'ils eussent pu dès-lors fraterniser avec leur magnanime alliée d'outre Manche !

Certes, en nous vainquant, vous apprîtes plus que jamais ce que nous valions, nous et notre capitaine.

Et, d'ailleurs, Alger l'a prouvé ; la blessure que vous nous aviez faite, si profonde qu'elle fût, était cicatrisée ; car , s'il m'en souvient, c'était bien alors qu'un de nos représentants s'écriait à la tribune nationale que l'*alliance anglaise n'était qu'un mensonge ;* tandis qu'un de nos ministres vous défendait au nom de notre roi d'avoir à vous occuper de nos affaires, affaires auxquelles la France aviserait seule, malgré vous et contre vous. Vous vous tûtes alors, et un royaume conquis d'assaut devant le plus fort boulevard de votre empire, à la vue de votre flotte étonnée et immobile, nous restait, abandonné par vous, par l'Europe entière, en réparation d'une injure.

Mais, chose incroyable! aujourd'hui que plus de vingt-cinq ans ont passé sur nos revers; que vous devriez nous redouter plus que jamais; jamais vous n'avez été plus hardie, jamais plus insultante. Cela doit nous donner sérieusement à réfléchir.

Aujourd'hui, il est vrai, pour celui qui ne s'attache qu'à la forme des choses et qui ne veut pas en pénétrer le fond, vous apparaissez, vous êtes même plus puissante que jamais. Nos ministres partagent aveuglement votre foi et croient comme vous à l'éternité de votre fortune et de votre nom.

Vous bravez la révolte des Affghans dans l'Inde. L'Irlande a beau rugir, comme une révolution, à votre porte; à cette porte du riche auquel elle demande du pain; vous vous riez de l'Irlande; et ce n'est que lorsque les tiraillements et le désespoir d'une faim non assouvie la poussent et l'insurgent, que vous lui jetez alors, en attendant, quelques retées de pain, de ce pain qui est à elle plus qu'à vous.

Le soin de votre gloire, les besoins urgents de votre commerce, dites-vous, ne vous laissent pas le temps ou le pouvoir de l'affranchir de ces chaînes, cette pauvre Irlande; l'Irlande, ce géant sur lequel l'Angleterre pèse de tout son poids; mais qui pourtant, lorsqu'elle se remue, agitée par cette grande voix d'O-Connel, son tribun, fait encore trembler l'Angleterre par intervalles et la force à se ressouvenir de sa fin.

Et sans sortir de chez vous, votre peuple qui s'attroupe, peut-être à l'heure qu'il est, pour demander aux voyageurs la bourse ou la vie, ce peuple de Londres, courbé sous le faix de cette incessante fabrication qui encombre vos colonies et la plupart des marchés de l'Europe, y avez-vous pensé?

Pensez-vous bien à cette dette exorbitante qui ne s'éteindra jamais de votre vivant et avec laquelle vous-mêmes devez finir?

Angleterre, n'avais-je pas raison de vous le dire: Gardez-vous d'être fière du désastre de Waterloo, car la main du colosse vous y a étouffée en tombant de ses étreintes, et sa chûte vous a légué ce cancer qui vous ronge; ce cancer par lequel vous mourrez comme lui.

Votre dette se montait, en 1763, à 148 millions sterlings, dont l'intérêt annuel était de 5 millions de la même valeur ; et ce que vous osez appeler vos triomphes n'ont fait que l'accroître dans une proportion effrayante.

Elle se grossit surtout, votre dette, quand vous conclûtes avec l'empereur de Russie, ce traité, par lequel vous vous obligiez de payer un million deux cent mille livres sterlings, pour chaque armée de cent mille hommes qu'il vous fournirait; et ce marché payable mois par mois.

Ici, jusqu'où n'alla pas votre prudence: vous aviez aussi stipulé que, dans le cas d'une ligue, nul ne pourrait traiter de la paix que du consentement des divers partis.

Et Dieu sait si la paix, telle que la voulait Napoléon, pouvait jamais vous convenir ; nos ministres, eux, sont plus heureux, plus accommodants.

Mais, telle est la force de la nécessité, cette loi

organique de votre constitution , qu'il faut que vous viviez des malheurs des autres peuples qui sont votre continuelle proie.

En attendant votre chûte, sur le bord du précipice où des yeux plus clairvoyants, mais non pas pour des cœurs plus satisfaits que le mien, vous voient à grands pas avancer, ne faut-il pas que vous inscriviez encore et plus que jamais en lettres d'or ou de sang (et, si vous ne le pouviez, avec de la boue), sur tous vos pavillons, d'un bout du pôle à l'autre, sur tous vos comptoirs du monde entier, sur tous vos magasins en Europe ; chez vous, sur tous vos arsenaux , sur toutes vos usines , vos portes , vos boutiques, vos machines, cette devise unique : *Des débouchés ou mourir !* devise qui doit être, et devient de nos jours surtout, un grand avertissement pour le monde.

C'est ainsi qu'entraînés par cette ardeur fatale aux autres nations et qui (nous osons l'espérer et le prédire) finira par vous être plus fatale encore à vous mêmes, vous vous êtes rendus dominateurs dans les Indes-Occidentales, qui nous avaient vu lutter longtemps contre vous.

L'on sait que ce n'est pas sans éclat que nous vous avons aussi combattus dans les Indes-Orientales, où vous régnez seuls en despotes.

C'est là surtout que vous jouissez en paix du fruit de vos abominables rapines et de vos trahisons;

en attendant que vous renonciez à votre puissance dans ces contrées, après en avoir retiré tout le plus pur de leur substance, et lorsqu'elles ne vous seront plus bonnes à rien.

Car l'Angleterre a toujours eu des entrailles de marâtre pour ses colonies.

Y a-t-il donc lieu de s'étonner aujourd'hui que, pour vous ouvrir *à tout prix,* à l'inverse de nos pacifiques ministres, de nouveaux débouchés dans l'intérêt de cet indispensable commerce qui est votre âme et votre vie tout entière, vous étendiez vers la Chine vos mains avides, afin d'échanger, malgré elle, votre opium contre son or.

Espérons encore que cette guerre infâme vous coûtera plus qu'elle ne vous aura rapporté et que le comble même dont vous aurez voulu couvrir le pacte de vos crimes en aura fait crouler enfin l'é-chafaudage sanglant.

Anglais, que vous vous soyez ainsi conduits envers les peuples que je viens de nommer, c'est chose ordinaire et qui ne surprendra personne; mais que vous osiez depuis douze ans constamment insulter la France, faire tous vos efforts pour la resserrer dans un cercle de fer, la comprimer dans un étau de terreur, ou vous ne tenez que ses ministres qui la tiennent eux et l'annullent par vous et pour vous; oh que la France, elle, cette noble patrie de l'honneur et de l'indépendance, voyant, sentant tout cela, vous laisse faire, voilà certes ce qu'aucun peuple libre ne voudra ni croire, ni entendre, et pourtant c'est la vérité.

Que de chemin vous nous avez fait faire à reculons depuis douze ans !

Nous n'avons pas commis une faute, nous n'avons pas eu la moindre faiblesse que vous ne l'ayez mise à profit, exploitée sur-le champ ; nous avons perdu notre influence en Espagne, et vous vous en êtes emparé nous avions Méhémet-Ali pour allié, et vous vous êtes coalisés contre lui avec les puissances de l'Europe ; et la France, à qui il ne restait plus que cet allié, qui devait lui être si cher, vous a laissé le dépouiller impunément, comme elle avait laissé tomber la Pologne !

L'Angleterre est toute puissante en Orient aujourd'hui. N'a-t-elle pas déjà proposé à Méhémet de mettre une garnison de quelques soldats dans un des districts de l'Arabie, sans doute pour être utile à l'Égypte, comme elle l'avait été au Bengale ?

Méhémet, qui connaît l'Angleterre et son histoire, a refusé l'offre. Mais vous savez le résultat du traité des quatre puissances ; l'Angleterre a recueilli là le fruit de son heureuse politique et est allée aux Indes par la Syrie, ce chemin si court, convoité depuis si longtemps. Ah ! il n'était dès-lors plus difficile, même pour les moins clairvoyants , de voir qu'elle voudrait aussi régner en Syrie.

Et qu'a-t-on dû penser en vérité de la France, d'elle, qui fut dans tous les temps la plus grande protectrice des populations chrétiennes de la Syrie et du Liban; quand on l'a vue souffrir de sang-froid l'établissement d'un évêque anglican à Jérusalem; Et sans la résistance du peuple syrien, à qui serait ce pays aujourd'hui? Il serait à l'Angleterre, elle aurait semé l'or corrupteur, et Méhémet aurait eu plus tard le même sort que le souverain du Bengale; ou plutôt le pays tout entier serait dans le schisme aujourd'hui et plus tard dans la barbarie.

Car, il faut que vous le sachiez, l'Egypte aussi semble excellente à prendre à l'Angleterre.

L'Angleterre veut donc tout conquérir, tout posséder? direz-vous. Et peut-être vous pensez à Alger, où elle nous entrave par les secours et les armes qu'elle expédie à Abd-el-Kader, depuis la conquête; lui fournissant des officiers anglais et fortifiant de tous ses pouvoirs l'alliance de l'empereur de Maroc avec lui contre nous.

Ce que l'Angleterre veut, ce n'est point Alger, mais ce qu'elle poursuit avec un acharnement sans pareil, et il me faudrait mille voix pour le dire, mille mains pour l'écrire, mille glaives pour le défendre, c'est la ruine de la France!

Voilà pourquoi elle jette tant d'obstacles devant elle; et l'Angleterre tressaille dans son cœur, quand elle pense à la ruine de nos colonies,

de notre marine, de notre commerce ; et l'Angleterre ne s'arrêtera définitivement que lorsque la
France elle-même se sera arrêtée pour jamais.

Et comment n'abandonnerait-elle pas successivement tous ses alliés la France, qui, pour peu
que cette effroyable décadence dans ses mœurs
politiques continue, finira bientôt par s'abandon-
ner elle-même; elle qui de plus en plus nous fait
désespérer de ses vertus comme de son courage.

Il est dur pour un Français d'être obligé de
dire à son pays de pareilles vérités; mais il est de
ces plaies qu'il faut guérir avec un fer chaud.

Je sais que ses ministres lui répètent, ce que,
Dieu merci! elle ne croira jamais, qu'elle n'est
point faite pour disputer l'empire des mers à l'Angleterre, qu'elle doit rechercher toute sa gloire
dans les triomphes du continent.

La France n'est qu'*une puissance continentale*,
a osé dire à la tribune celui-là même sans doute
de nos gouvernants auquel un écho d'Angleterre a
répondu que c'était aussi *une puissance du second
ordre.*

Taisons-nous, il le faut!... mais au moins n'a-
dorons pas comme des esclaves !!...

La France de Napoléon et de Louis XIV une
puissance du second ordre !!...

La France de Napoléon et de Louis XIV devrait

être la reine des nations ; elle a coutume d'imposer la guerre et de dicter la paix , comme cela s'est vu dans des temps plus heureux ; dans ces temps encore si près de nous où nous avons éclipsé seuls toutes les puissances de l'Europe, par l'éclat de notre gloire , et accompli sur chacune d'elles à la fois la pensée d'un grand roi notre ennemi , mais aussi notre juge impartial : *que la France ne doit pas laisser tirer un seul coup de canon, en Europe, sans sa permission ;* et le grand Frédéric se connaissait en peuples et en grandes nations.

Mais ce ne fut pas seulement en Europe, ce fut au monde entier que nous défendîmes la permission de nous vaincre ; dans ce temps héroïque, présent encore à votre souvenir, où vingt fois coalisée et vingt fois conquise , l'Europe venait aux portes de ses capitales, nous demander à genoux le pardon de ses offenses, c'est-à-dire de ses défaites et la continuation de sa vie ; oui , qu'elle s'en souvienne , de continuer à vivre par privilège, de garder son nom, de s'appeler encore Europe et de ne pas disparaître de la carte du monde.

La France une puissance continentale !.... ah ! c'est pour cela sans doute qu'ils ont envoyé à sa flotte l'ordre de faire retraite devant l'Angleterre au lieu du signal du combat que donnaient déjà nos marins. Et aujourd'hui ce n'est plus un mystère pour personne.

On sait aussi que notre flotte était de beaucoup supérieure en tous points à celle de notre rivale, et il n'est pas douteux d'après son aveu que nous n'eussions remporté la victoire; victoire dont n'ont pas voulu nos ministres.

Car, l'Angleterre elle-même, et surtout ses officiers de marine, ont compris et senti cela mieux que nous mêmes; et sir Charles Napier n'a pu s'empêcher d'avouer, en plein parlement, que si les ministres français eussent laissé partir d'euxmêmes les canons de nos marins, il fût arrivé malheur au pavillon britannique, et que la marine française, sur le pied où il la voyait de nos jours, était bien faite pour donner de justes inquiétudes à l'Angleterre; qu'il le savait mieux que personne pour avoir été battu, lui dont on ne soupçonnerait apparemment pas le courage, à bord de son bâtiment par un vaisseau français.

Électeurs, faut-il donc que nos ennemis nous comprennent mieux que vous ne nous comprenez vous-mêmes.

Me direz-vous avec nos ministres, et je ne l'ignore pas, que nos vaisseaux sont construits savamment; que les capacités sans nombre qui sortent chaque année de nos écoles ne peuvent nous manquer; mais, je sais aussi que ce ne sont point autant les hommes de talent qui font les grandes nations, que les grands caractères; et c'est avec effroi que ces vertus publiques qui n'ont jamais manqué, dans aucun temps à la France et qui ont toujours fait sa sécurité, je les vois s'affaiblir de nos jours, et préparer des ruines qu'elle ne pourra bientôt plus réparer, si elle ne se hâte de les prévenir.

Jusqu'à présent, son patriotisme l'a préservé de tous les périls; et aujourd'hui, elle oublie son histoire; et lorsqu'elle a rendu un récent hommage aux cendres de Napoléon, je lui demanderais pourquoi elle ne s'est pas souvenue de l'Angleterre.

Vous, ressouvenez-vous-en aujourd'hui.

Électeurs, tournez-vous du côté de la mer, nos guerriers surnommés les dominateurs de la terre, semblent ne s'en souvenir plus; mais la marine marchande vit encore, et quand tout se réunit pour l'accabler, elle prend audacieusement la hache du capitaine Foulquier et blesse l'orgueil du gendarme furieux de l'Angleterre. Foulquier Seignac et Dejoie, simples capitaines, sont nos Tonville et nos Duquesne aujourd'hui; tandis que la marine militaire reste amarrée, par ordre, bien au loin de ces lieux où l'on somme, à poings armés, la France de vider le terrain à l'Angleterre, ou de se laisser visiter muette et résignée comme une esclave.

Eh bien, si le poids de nos armes nationales ne nous pèse pas, si l'infamie de nos ministres seule nous fatigue , secouons-la ,. et tous ensemble votons pour des députés qui nous mènent à l'ennemi.

Jamais nous ne pûmes mieux les combattre, jamais ils ne furent plus disposés à nous craindre. Osons la guerre. La guerre ou l'infamie, et vous hésiterez. La paix à tout prix nous a valu la honte; la guerre à tout prix, s'il le faut, nous obtiendra d'avance une paix forte et glorieuse : *si vis pacem para bellum.*

Oh ! bien, dites donc à vos élus que la France est faite pour ne rien subir ; car la guerre ou la paix que subit forcément un peuple est toujours malheureuse ; que la France ne veut point, surtout, d'une paix *à tout prix, de la paix partout et toujours.*

Electeurs, après ce serment, quels seraient donc parmi vous, au sein même de vos collèges assemblés pour nous sauver ou nous perdre , ceux qui ne protesteraient contre cette paix : jeunes hommes, du haut de leur patriotisme, de leurs fronts humiliés et avec toute l'impatience de leur courage ; vieillards, qui ne leveraient, aujourd'hui pour la dernière fois peut-être, leurs mains suppliantes et glorieuses vers le ciel, pour lui demander de ne pas mourir encore, avant, que de leurs yeux satisfaits, de ces yeux qui virent en face leurs victoires, ils n'aient pu voir enfin la cessation de cette paix ignominieuse sur laquelle ils s'indignent de les fermer.

Et cette belle vie de l'honneur à laquelle on tient plus encore en France, qu'à celle de la liberté, cette vie de l'honneur ne s'éteint-elle pas? n'allons-nous pas nous-même convier, un matin, l'Europe à la conquête et au partage de notre France, quand nous ne ferons plus usage de nos armes, que pour les incliner toujours sous les fourches caudines de la peur; qu'est-ce que ce tribut payé à Jackson? la peur. Ce beau fait d'armes de Saint-Jean-d'Ulloa, si tôt compromis? la peur. La comédie belliqueuse de 1840, ainsi que notre retour, l'arme au bras, dans le concert européen? la peur. Qu'est-ce enfin que ce droit de visite? la peur. Jusqu'à la Belgique qui, à propos de la question linière, se permet aussi de lever le pied. Qu'est-ce enfin que cette immolation légale de nos intérêts et de ceux de nos alliés au féroce dictateur Rosas? la peur! toujours la peur! Oui, gendarmes anglais, je vous charge de la police des mers, vous pouvez tout. Et l'on sait ce qu'est un gendarme en tous pays. Jugez de ceux de l'Angleterre sur les mers.

Eh quoi! j'oubliais l'Espagne, car je n'en ai dit encore qu'un seul mot.

L'Espagne est la satellite naturelle de la France; tous les grands politiques : Richelieu, Mazarin,

Louis XIV et Napoléon, et avant la république elle-même, l'avaient solennellement reconnu par leurs alliances politiques ; qui vous a empêché de le faire ? la peur.

Vous pouviez, avec de la loyauté et un peu d'énergie, nous ménager le glorieux rôle d'un peuple pacificateur, médiateur de la grande querelle d'une nation et d'un roi. L'épée de Napoléon pendait à la colonne, pourquoi ne l'avez-vous pas soulevée, pourquoi ne l'avez-vous pas portée dans l'un des plateaux de la balance, pour Christine ou don Carlos, pour l'un ou bien l'autre ; pourquoi ne l'avez-vous pas dégainée, ni pour l'un ni pour l'autre ; dites-le donc, pourquoi avez-vous laissé rouiller dans le fourreau la grande épée d'Austerlitz ? Pygmées ! *Vous n'en aviez pas la force, vous aviez peur !*

Au lieu du bienfait d'une paix solide et d'une alliance profitable aux deux peuples ; au lieu de cette alliance si naturelle et si utile, que nous avez-vous ménagé dans la Péninsule ? L'influence anglaise, aussi désastreuse que violente, durant laquelle nous avons reculé et cédé tant de terrain ; l'échauffourrée du *mariage* qui n'a abouti qu'à flétrir l'ambition égoïste d'une reine votre complice dans la plus ténébreuse des conspirations ; et qui aurait indigné l'Europe, si elle ne lui avait excité trop de pitié pour notre force ; on a laissé répandre le sang généreux de Diégo Léon. Est-ce tout?

Non, je vois déjà, dans un avenir peu éloigné, s'asseoir un prince dévoué à l'Angleterre, créature de l'Angleterre, sur le trône où la bataille de Villa-Viciosa avait assis autrefois Philippe de France. Pourquoi ne l'avez-vous pas su livrer, cette bataille de Villa-Viciosa; n'aviez-vous pas les Lamoricière, les Changarnier, les Lelièvre, qui, généraux et officiers, eussent soutenu dignement la mission de Vendôme? Ceux-là au moins n'auraient pas eu peur.

Était-ce bien Léon que les balles du supplice devaient atteindre! et certes, si haut qu'elles eussent dû frapper; les têtes de tous les traîtres à l'Espagne fûssent-elles tombées, elles auraient été indignes de racheter le sang tout national du Murat de l'Espagne, du vaillant Diégo Léon.

Car tout le monde le sait, Léon, qui brandit l'épée, frappa pour le salut de sa patrie; il le croyait du moins; mais d'autres avaient, eux, conspiré dans l'ombre, à la sourdine, comme font les communistes que vous envoyez à la chambre des pairs et à Saint-Michel; c'est en France qu'on a compromis, souillé le dévoûment d'O Donnel; et de même que s'ils eussent vaincu, l'on aurait ramené à soi le fruit de leurs exploits; de même l'on s'est empressé de les désavouer , de les livrer à la vengeance du dictateur des Espagnes et à l'indignation de l'Europe. Était-ce ainsi, je le répète , que Louis XIV parvenait à asseoir son petit-fils sur un trône ? était-ce ainsi qu'il réussissait surtout ? Qu'elle est l'abîme qui vous sépare de la fierté et de la décision de ce grand roi ? répondez : la peur.

Et plus tard enfin , qu'est-ce que cette marche triomphale d'un ambassadeur qui représente le Napoléon de la faiblesse et de l'étiquette , pour venir recevoir sur sa joue le soufflet le plus sanglant de la part de celui qui a refusé le baiser de Judas qu'on lui offrait., et n'a pas oublié le coup dont on voulait l'atteindre ; affront dont il faut se résigner à venir chercher satisfaction , consolation à Paris dans vos cabinets. Échaufourrée que tout cela. Encore et par-dessus tout, peur, peur ! toujours la peur ! Mais en même temps , aussi, bien tristes conséquences pour les gouvernés de la peur de nos gouvernants.

Comme Luther qui était plein de *démons*, ils sont pleins de *peurs* de toute espèce, si pleins, que comme le moine apostat, ils en crachent, ils en mouchent, ils en ordonnent, ils en distillent, ils en font frapper sur le bronze.

Auront-ils encore leur statue comme les anciens romains qui, eux aussi, diront nos ministres, sacrifiaient *à la peur ?*

Mais voici où le comble de la honte commence. Dès l'origine de la révolution de juillet, nous avions un hôpital militaire à Mahon, avec l'autorisation de l'Espagne, à laquelle seule, comme chacun le sait, appartiennent les îles Baléares; c'était là que des soldats épuisés de fatigue et de sang contre l'ennemi de l'Algérie pouvaient venir chercher du repos dans une température intermédiaire; avant de s'exposer à la quarantaine pénible et souvent fatale qui les attendait dans nos ports. Les Anglais ont voulu qu'il n'y eût plus d'hôpital, et il n'y en a plus. On dirait vraiment encore un Cromwell ordonnant, du haut de son ambition, à tous les peuples et rois de l'Europe, d'avoir à respecter un Anglais à l'égal d'un citoyen romain, et tout le reste à l'égal de parias.

Mais il est grand temps que j'arrive à vos douleurs, provinces méridionales.

De temps immémorial, les douanes de l'Espagne s'arrêtaient aux bords de l'Ebre; sous Richelieu même, la Catalogne fut un instant française. *La grande porte de l'Espagne est toujours ouverte à tout le monde,* a dit M. Michelet dans un aperçu politique, *mais n'en sort pas qui veut.* Pour nous, français, nous regrettons vivement de la voir maintenant fermée; pour nous, commerçants et propriétaires du Midi, nous joignons nos mains vers le ciel pour qu'elles se rouvrent,

N'était-ce pas alors que toutes nos richesses se versaient dans le tiers des provinces les plus importantes de la péninsule, et faisaient fructifier notre commerce. Cette porte était ouverte à deux battants, et nous y entrions avec nos marchandises pour en ressortir avec l'or de l'Espagne en échange. Mais, notre porte française était fermée ; et nous avions le pied chez notre alliée, sans qu'elle eût chez nous le même privilège.

Aujourd'hui que les douanes d'Espagne sont à la frontière, l'atonie a remplacé la vie ; tout languit, tout se meurt dans le pays Basque et la Gascogne ; et l'Angleterre a tout accaparé. Tout, même l'esprit et les sentiments du dictateur des Espagnes.

Plus judicieux et plus national, Rodil semble se retourner vers nous ; nos ministres aviseront-ils à le comprendre? C'est ce qu'il serait urgent pour nous de savoir.

Mais, puis-je finir, sans m'armer pour une dernière fois, encore de blâme et de colère. Toujours pour toi, pauvre Espagne !

Laisser décatholiciser l'Espagne eût été, aux yeux de Napoléon et de Louis XIV (que j'aime à citer toujours parce qu'ils ne sont pas anglais, et que l'objet de ma sollicitude c'est l'Angleterre), une inqualifiable aberration de politique.

Et, que les grands esprits ne rient pas ; ce n'est

point dans un but mystique ou religieux que je parle; je ne prends même, si l'on veut, la question, que sous le rapport politique et gouvernemental.

Et je me borne à sommer nos contradicteurs de répondre.

Qu'est-ce qui nous a valu, à travers toutes nos luttes passées, les sympathies constantes de l'Espagne? Le catholicisme.

Qu'est-ce qui tient aujourd'hui encore haineuses contre nous, malgré notre couardise, les nations d'Allemagne? la prépondérance du catholicisme.

Qu'est-ce qui nous conserve encore des lambeaux de rapports et d'influence dans la Syrie, qui devrait nous maudire ; et chez toi enfin magnanime et vaillante Pologne, abattue plus encore par notre lâcheté que par les cosaques de Nicolas, qu'est-ce qui fait que tu nous aimes encore? c'est que nous sommes tous des peuples catholiques.

Or, il est d'une désespérante vérité que l'Espagne, le berceau, et de plus, le boulevart du catholicimes, tend hélas, tous les jours à trancher, de plus en plus, tous ses liens si anciens avec Rome et la chrétienté.

Puissent ces quelques paroles généreuses que je soumets aux méditations de mes concitoyens leur devenir utiles; qu'eux-mêmes ne compromettent pas leur ancienne indépendance, en se prêtant à toutes les couardises des thuriféraires du pouvoir; qu'ils se prémunissent, par le sarcasme et le ridicule, contre le sans-façon de ces circulaires clandestines et corruptrices, ces recommandations officielles, ébourifantes épîtres , *à propos, de pauvres vieux bouquins réhabilités de la case du boutiquier ou de l'apothicaire*; contre ces marchés de candidature à forfait qui devraient les indigner plus encore que les surprendre.

En allant aux élections, que les électeurs, comme les anciens soldats d'un vieux chef de tribu, avant le combat, se rappellent l'indépendance et les victoires de leurs ancêtres, et que s'ils ne doivent jamais plus combattre et vaincre nulle part contre la France, comme les vainqueurs de Poitiers, (et prions Dieu que ce malheur n'arrive jamais!) ils ne doivent pas non plus être le pis-aller du bon plaisir de ses ministres. Mais ces ministres, eh que leur importe à eux que nos provinces soient en souffrance, que la terre du dévouement, la patrie de Vincent de Paul, ce pays qui a donné l'armée d'Italie à la France après lui avoir donné anciennement Gaston de Foix, Montluc, Xaintrailles , ce *démolisseur des bornes anglaises d'alors ,* et Henri IV, que ce berceau de Lannes et de Lamarque soit plongé dans la stagnation et le désespoir, sans débouchés, sans écoulement de ses produits; mais qu'importe qu'il se plaigne ou qu'il gémisse, pourvu que nos ministres protègent paternellement le népotisme le plus révoltant ; pourvu qu'ils gardent leurs portefeuilles et donnent des fêtes, des bals brillants où l'opulence et la richesse se pressent en foule, par les deux battants de plusieurs portiques ; pourvu qu'à leur entrée dans la salle de nos représentants on *bonnette* le soleil en leur présence.

Français, ne laissez pas ce soleil se coucher sur vos misères.

Ministres, songez à ne plus faire votre palladium unique de la peur et le regarder comme votre seule ressource, *la grande, l'indispensable affaire* de votre évangile politique.

Vous me comprenez tout aussi bien que je comprends moi-même les Lois de Septembre pour m'arrêter ici.

Pour vous, Electeurs d'Aquitaine, peu importe que vous élisiez d'Haussez, Laffitte ou le descendant de Lamarque ; pour vous, France entière, peu importe que vous nommiez la Légitimité, la République ou tout autre parti ; pourvu que ce ne soit pas le parti anglais, *l'organe avoué* du cabinet britannique.

Aigle ou Vautour, qu'importe pourvu qu'il y ait des serres et de la force contre la griffe du léopard de l'Angleterre.

Plus d'autre désignation pour le parti de France que celui de *Français ;* et si jamais on devait le changer ce nom, ce ne serait que dans un baptême de sang anglais; bien qu'il me semble pourtant que jamais il n'y eût de plus beau nom que celui de *France*, de plus glorieux titre que celui de *Français !*

Vous m'avez entendu, concitoyens, union et force, fraternité; et alors, comme le disait un ministre de Louis XIV à la beauté suppliante : *tout ce qui est impossible contre l'Angleterre est déjà fait; tout ce qui était impossible se fera; le mot impossible n'est plus français.*

La honte de la conduite qu'on nous a fait tenir en Orient me remet ici Dugay-Trouin en mémoire; Dugay-Trouin, qui lorsqu'il commandait une escadre dans le Levant, passa par Smyrne, St-Jean d'Acre, Alexandrette, Tripoli, assura dans ces mers les relations de notre commerce et rendit à la nation une prépondérance de nouveau perdue aujourd'hui.

Aujourd'hui, un amiral français, qui a une escadre et des canons pour venger nos vêpres siciliennes de la Plata, au lieu de briser sa plume, continue à faire de la diplomatie, tandis que le sang de nouveaux Français qu'on massacre, jaillit à ses côtés et jusque sur les pages du traité du Texas, où ces malheureuses taches semblent avoir pris soin d'effacer son nom pour l'honneur du nom français et l'oubli du sien.

Demanderai-je au roi de Prusse pourquoi il

vient de défendre l'usage de la langue française à sa cour? Croyez-vous qu'il me dira que c'est parce qu'il se croit indigne? Non, c'est parce que l'Angleterre ne veut pas qu'on parle le français dans les cours d'Allemagne.

Donnez nous donc des ministères qui ne pensent pas toujours à faire de nouvelles campagnes contre la presse et qui s'occupent de celles qu'ils pourraient faire avec avantage contre l'ennemi; car, s'ils n'y a rien au monde de plus désirable et de plus digne des vœux d'un bon citoyen que la paix, il n'y a rien non plus, de plus honteux et de plus compromettant pour un état que cette espèce d'engourdissement, que j'ai dû appeler : paix à tout prix, nom de réprobation dont la France l'a flétrie; que cet engourdissement source de tous les vices et de tous les maux. Voyez-les donc ces calamités! La presse et les libertés publiques, combattues avec une énergie et une ardeur poussées si loin que cette force eût plus que suffi pour assurer le respect de l'étranger à la France.

Vous ont-ils mis à la hauteur des grandes questions de l'économie politique et surtout de l'impôt?

Est-ce par eux que l'impôt progressif a été obtenu, car, comme l'a dit un penseur et un logicien tout à la fois : l'impôt *rétrograde* est la charte *mensonge*, l'impôt *invariable* la charte *erreur*, l'impôt *progressif* la charte *vérité*. Ont-ils dit que les capitaux, le travail et l'industrie ne sont point imposables ; que les douanes sont nécessaires à la protection de l'industrie nationale, et que le devoir d'un bon ministre est de ne rien négliger, de tout embrasser.

Que voyons-nous ? Des chemins de fer qui s'annoncent à grand fracas parlementaire, immédiatement avant l'époque où les tronçons promis peuvent être la récompense d'une capitulation de conscience ; récompense que n'aura même pas la trahison, qui sera trompée à son tour par l'astuce.

Autour de ces bastilles qui elles-mêmes nous ceignent comme une armée, que font ces soldats innombrables qui s'agitent à l'ancienne place des cohortes de l'Europe, au lieu de les aller vaincre,

Et plaise au ciel que ces bastilles nous ne les voyons pas encore fortifiées de ces soldats, la plupart sortis des rangs de juillet, abriter derrière leurs créneaux les despotes de la féodalité moderne, et sur l'ordre de nos ministres braquer des centaines de canons, lancer des milliers de boulets contre la grande victoire de la colonne et contre l'inviolable trophée de la liberté, sur la place de la Bastille.

Combien mieux, et plus naturellement, n'eussent pas été employées les dépenses de ces bastilles, à la construction et à l'armement en guerre de cinquante bateaux à vapeur dans la Manche dont la

seule nouvelle avait effrayé l'Angleterre et provo-
qué des protestations ; protestations qu'elle ne fait
pas contre les bastilles. L'idée en était si généreuse.

Quel est le but incessant de ces courriers mili-
taires qui transmettent les ordres du *maître* à travers la poussière des décombres, loin de la poudre
des batailles. Ne serait-ce pas que les traîneurs de
sabre viendraient nous infliger la dernière ignomi-
nie. Allons-nous voir commencer le règne de
l'*Aide-de-Camp?*

Il faut avouer que si l'Europe nous a trouvés
turbulents aux jours de nos conquêtes, elle a tout
lieu, aujourd'hui, d'être satisfaite de notre sagesse.
M. Sébastiani, la chair de la chair, l'os des os du
ministère, nous a-t-il trouvés sages dans la question
des millions Américains, sages en Belgique, sages
à Ancône, sages à Buenos-Ayres, sages en Orient,
sages enfin dans la question du droit de visite ; et
quand M. Sébastiani commence peut-être à ne
plus désespérer de notre sagesse, n'avons-nous
pas lieu de nous effrayer, nous, d'une sagesse
aussi désespérante.

L'Angleterre a demandé le désarmement, et le
ministère a dit oui ; elle a voulu le licenciement
de trois mille marins, et le ministère a dit oui ; elle
voulu le droit de visite, et le ministère disait
encore oui ; tant il a l'habitude de toujours se.
prêter à toutes les exigences.

Ce sont pourtant ces mêmes ministres qui se sont acquis la majorité des chambres au poids de l'or, qui ont tout sacrifié aux intérets particuliers de la corruption et de l'égoïsme. Qui ne se rappelle les révélations de MM. Dusollier et Isambert à la tribune?

Mais ce que je ne saurais surtout assez flétrir de toute mon indignation, et je voudrais la faire éclater à leur face, ce sont ces destitutions qui viennent frapper le descendant fidèle des Molé, des Lamoignon, le magistrat consciencieux qui n'hésite pas, en dépit des insinuations, à frapper les coupables *bons* électeurs du glaive de la justice, et qui expie l'honneur de son intégrité.

Avant le nôtre, il y a bien eu des temps où les hommes s'agitaient pour leur plus grand intérêt avec leurs passions et leurs faiblesses. Mais ne devait-on pas s'attendre à voir le changement dans les choses, lorsqu'on le rencontrait dans les hommes ; ne devait-on pas jouir de quelque progrès, de ce progrès promis par les ministres eux-mêmes qui le considèrent comme le fruit de la révolution de juillet pour laquelle la plupart d'entre eux ont soutenu de si grands combats de plume ; eh bien ! les annales du gouvernement représentatif ne nous retracent nulle part et dans aucun temps une telle impudeur d'égoïsme.

Aide-toi, la corruption t'aidera ! tel était le cri

de guerre des moralistes. N'a-t-on pas vu plusieurs fois des ministres se presser à l'assaut de leur ministère perdu, comme ces vaillants soldats qui se surpassent à l'envi, pour emporter une citadelle, sous le feu des batteries ; car la défense des ministres assiégés ne le cédait nullement à l'attaque de l'ennemi.

Et pourtant, nous avons vu les vaincus imposer aux vainqueurs leurs principes et leurs intentions contre le pays et ses libertés ; car s'ils avaient été vaincus, ce n'était que dans leur personne ; jamais dans leur pensée. C'est ainsi qu'un seul et même ministère semble, depuis Juillet, s'être assis au pouvoir. Intrigues dégoûtantes dont la France ne perdra la mémoire que lorsque le souvenir de la coalition sera éteint.

Ministres d'aujourd'hui, oseriez-vous soutenir, pour l'honneur de votre conscience que vous n'avez pas employé jusqu'à présent aucune de ces ténébreuses manœuvres si pleines de fraude et de corruption. Oseriez-vous soutenir que vous avez permis à vos députés, cette partie de vous-mêmes, de courir la chance du vote indépendant et libre dans leurs collèges. Ne l'osez pas, car la presse et la tribune vous démentiraient. Et maintenant je vous demanderai, et cela devrait suffire pour vous faire rentrer en vous-mêmes : sera-ce vous qui guérirez au moment du péril des blessures si profondes? Vous aurez pourtant su les faire, les laisser faire, et même les conseiller, les ordonner et les continuer.

Il fallait abroger d'une main les traités de 1841 et 1842, en prenant votre épée nationale de l'autre; ou au moins les exécuter fermement, par les vexations, les investigations, l'inquisition. Ainsi fait l'Angleterre; mais ainsi vous n'avez pas dit, pas osé faire.

Mais vous, électeurs, vous, flétrissez le droit de visite, cette avanie de l'Angleterre à la France, qui une fois tolérée ne serait pas la dernière à coup sûr; car elle a été précédée de bien d'autres; et écoutez bien les manœuvres démasquées de l'Angleterre :

« Périsse mon pays, périsse la contrée où je commande; périssent l'étranger et le citoyen; périsse mon associé; pourvu que je m'enrichisse de ses dépouilles; tous les biens de l'univers me sont égaux. Lorsque j'aurai dévasté, sucé, exterminé une région, il en restera toujours une autre où je pourrai porter mon or et en jouir en paix. »

Cet infâme droit de visite, électeurs, flétrissez-le donc de toutes vos forces par l'organe de vos députés; que votre choix ait le seul mérite d'attirer la haine des Anglais d'Angleterre et de France; de France surtout; de ces *organes avoués* du ca-

binet anglais que l'on a dévoilés avec tant d'édifi-
cation à l'une de nos tribunes nationales.

Croyez le donc bien, je vous le répète, l'Angleterre ne se reposera que lorsque nous serons définitivement annullés, si nous pouvions l'être jamais!
car je ne désespère pas encore assez du salut de
mon pays, et j'ai encore assez de foi en vous,
électeurs, pour ne pas croire à une aussi grande
infortune.

Électeurs, vous pouvez perdre la France ou la
sauver : la perdre, si vous continuez le pouvoir
aux mêmes hommes; la sauver, si vous le confiez
à ceux qui comprennent les besoins de notre pays
tout autrement que les premiers et qui, par cela
même, feront aussi tout le contraire de ce que les
autres auront fait.

Électeurs, si un de vos amis, de vos parents, de
vos concitoyens, est l'ennemi juré de l'Angleterre;
s'il a déjà fait ses preuves, conviez-le à de nouvelles preuves de dévouement; fût-il noble ou vi-
lain, nommez-le député.

Dans votre arrondissement, il est un laborieux
industriel qui réclame persévéramment contre les
abus criants, et qui ne compte pas un seul merce-
naire anglais parmi ses ouvriers, tous Français
jusqu'au dernier, nommez cet honnête homme.

Votre département, ou la France elle-même,
renferme un noble caractère d'origine anglaise

peut être , mais tout trempé d'un fort patriotisme français ; c'est le fils ou le parent de celui qui a jeté cet anathème à l'Angleterre : Que l'alliance anglaise était un mensonge! Quel qu'il soit, nommez-le sans crainte , nommez Fitzjames; c'est un nom de France.

Enfin, s'il se rencontre un homme dans un coin de notre patrie, qui ait combattu l'Anglais à Honskooie, à Trafalgar, ou lui ait juré haine sur l'autel de la patrie à Waterloo; ou bien celui qui aurait eu le malheur de constamment déplaire au ministère et d'être pourtant chéri et estimé de ses concitoyens ; ou bien encore celui qui, juge ou magistrat, aurait sévèrement puni le *bon* électeur de sa faute, sans s'occuper de son vote passé, présent ou à venir; ou celui encore qui trouvant le recensement illégal , aurait fait fermer les portes des contribuables , s'il était maire dans sa commune ; ou bien enfin, dans un mouillage lointain, si la renommée d'un brave au service de la France venait à vous, et que le bon droit et le pavillon eussent été par lui vaillamment proclamés et maintenus pour la France; si c'était un consul comme M. David à Porto-Cabello, ou M. Février-Despointes à la station des Aruautes , tous d'une seule voix accordez-leur vos suffrages avec vos éloges.

Ceux-là ne failliront pas à votre mandat ni à l'honneur.

Et sera-t-il si difficile encore de reconnaître ceux qui sont les plus dignes de mériter vos suffrages? Ne sont-ce pas ceux qui en vous les demandant vous promettront de ne rien faire et de ne rien permettre ni contre notre honneur ni contre notre sûreté nationale? Ne sont-ce pas ceux dont le patriotisme dans leurs précédents bien connus, parlera encore plus haut que leurs paroles, et qui croiront comme vous qu'il n'y a que trop lieu de s'effrayer vraiment de l'avenir, quand on voit l'Angleterre ne plus savoir où donner de la tête et, par cela même, redoubler son effrayante énergie; pour venir, des paroles d'humanité à la bouche, proposer *débonnairement, amiablement* de lui laisser visiter nos vaisseaux afin d'obtenir de concert avec nous l'abolition de l'esclavage; noble prétexte, couleurs mensongères dont elle se couvre pour nous soutirer jusqu'aux dernières ressources de notre industrie et de notre commerce qui, naguère enlevées à Bordeaux, se sont heureusement reportées et développées à Marseille, dont l'accroissement l'inquiète depuis si longtemps.

Electeurs, le commerce, qui a tant besoin de liberté pour sa vie, a peut-être encore plus besoin de sûreté et de respect. Soyez donc surtout préoccupés de la souffrance de nos ports; tranchez enfin cette question coloniale qui les tue; coupez au vif ces privilèges, ces abus monstrueux, au moyen desquels l'Angleterre voudrait absorber, étouffer notre industrie linière; régularisez ces échanges qui doivent assurer des droits pareils et les mêmes avantages à deux grands peuples; que le Midi surtout ressente les heureux effets de ces répartitions plus égales qui seront un bienfait pour l'écoulement de ses vins; que le commerce de la France et sa marine marchande, sans laquelle il ne saurait prospérer, se relèvent; du jour où toutes ces sources de notre bien-être seraient taries la France devrait périr.

Mais Dieu sait si nos ministres sont dans la voie pour nous donner tous ces biens.

Electeurs, réclamez-en d'autres encore; donnez vos suffrages à des représentants qui aient à cœur aussi les intérêts de nos colonies; dites-leur que sans colonies point de marine possible pour nous; répondez avec indignation à ceux qui oseraient prétendre que la France peut et doit se passer de colonies, que la France loin d'en avoir trop n'en a point au contraire assez; que c'est dans la marine marchande que se recrutent ces vaillants soldats qui montent nos vaisseaux de guerre ou qui deviennent nos corsaires, et les corsaires français ont toujours fait trembler l'Angleterre.

Evitez donc encore de nommer ces hommes qui vous diront que la France n'est point faite pour combattre sur mer et souvenez-vous alors des statues que notre admiration a élevées à tous ceux qui donnèrent la victoire à notre pavillon, et songez que ces hommes illustres furent de tout temps les protecteurs les plus dévoués de notre commerce.

Aussi bien que l'Angleterre, la France est faite pour régner sur les mers, de l'aveu si éclatant de nos rivaux dont je parlais tout-à-l'heure.

J'invoque et ne peux me lasser d'invoquer son histoire; ai-je besoin de vous rappeler nos corsaires qui, sous le règne de Louis XIV, enlevèrent à l'Angleterre et à l'Europe 4,200 vaisseaux?

Faut-il parler de nos chefs d'escadre ou amiraux illustres, Jean-Bart, Tourville, Duquesne et tant d'autres.

Parmi nos gloires maritimes, encore, faut-il vous rappeler nos braves capitaines qui ont précédé et suivit par intervalles les Du Couedic, les Du Petit-Thouars, les Villaumez, que nous voudrions nommer tous, car la patrie leur doit une reconnaissance éternelle!

Électeurs, si, après avoir résisté aux envahissements de l'Angleterre, vous voulez en même temps diminuer le fardeau du pays, prenez des mandataires, qui comme vous ne conçoivent pas comment une nation telle que la nôtre, qui depuis douze ans est censé jouir de tous les avantages de la paix, puisse se trouver aussi malheureuse, par le fait, que si elle sortait vaincue du combat.

C'est que l'on comprend parfaitement qu'une nation, même très puissante par ses richesses et sa grandeur, puisse s'endetter quand il s'agit de guerres ou de conquêtes qui plus tard la dédommagent; mais ce qui paraît révoltant, absurde, c'est qu'en pleine paix, cette nation s'avise d'emprunter, d'avoir une dette qui s'accroît chaque jour, dette à laquelle ses gouvernants eux-mêmes ne peuvent assigner aucun terme.

Vraiment une pareille nation se comporte comme un de ces prodigues qui ne connurent jamais les soins de l'avenir ni même les besoins du lendemain ; et vous devez le savoir pour l'avoir vu cent fois, les prodigues ne peuvent jamais, avec la meilleure fortune, payer ce qu'ils doivent ; ils n'en sont quittes qu'en mourant insolvables.

Mais vous vous fiez peut-être, comme l'a dit un de nos derniers représentants, à la fortune de la France ; à ces fortes ressources que notre pays a montrées dans des moments de crise et qui ont été pour lui si heureuses.

Oui, cela est vrai, ce n'est jamais qu'à force d'énergie que la France a pu dompter les périls, réparer ses revers. Mais alors, tous les cœurs de ses citoyens ne battaient que pour la patrie, et jamais on ne les vit courir au devant de la honte.

Ils savaient qu'une nation qui a consenti à revêtir la livrée du déshonneur et de la servitude, ne la rejette pas selon sa volonté, et que ce n'est point en un jour qu'elle reprend son honneur et sa liberté, lorsque le moment du danger est venu.

Et, si maintenant, vous regardez l'honneur, la gloire, la liberté, tous ces biens qui doivent nous être plus chers que la vie, comme de vaines chimères sans lesquelles une grande nation peut parfaitement bien exister ; alors, je vous le dis plus franchement que jamais : Français, vous me faites pitié ; car vous avez été trop longtemps appelés le peuple le plus spirituel, le plus généreux et le plus guerrier de l'Europe, et vous en êtes devenus les dupes.

Pour moi, quand je vois mes concitoyens laisser aservir mon pays, sans éprouver pour lui ni l'indignation ni les regrets du brave Lamarque mourant ; déchecir cette noble France d'autrefois qui pouvait être si forte encore, qui subit, en les trouvant trop doux peut-être, les ignominieux traités de 1814 et de 1815 qu'elle a eu la faiblesse de consacrer ; quand je vois ma patrie tomber par un guet-apens de ses ministres parjures à l'honneur national et à quatorze siècles de gloire, il ne me reste plus qu'à désespérer de son salut et à me voiler le visage pour pleurer.

DOLÉANCES ET PRÉDICTIONS DES DÉPUTÉS MINISTÉRIELS DE 1842.

Le devoir de l'homme d'état est de voir par avance.

(M. LEPELLETIER-D'AULNAY, député, séance du 17 mai.)

Il n'y a plus d'entraves mises à l'extension des dépenses. Si cela continue, on compromettra la puissance de la France. C'est un devoir de le dire, car il est grand temps de s'arrêter.

(M. LEPELLETIER-D'AULNAY, séance du 17 mai.)

Des besoins nouveaux apparaissent chaque année, et chaque année aussi les besoins anciens exigent des sacrifices plus considérables.

(M. LACAVE-LAPLAGNE, séance du 27 avril.)

N'oublions pas que chaque somme de plus, quelque modique qu'elle soit, vient ajouter aux difficultés d'une position bien difficile déjà.

(M. LACAVE-LAPLAGNE, séance du 27 avril.)

Le chiffre de la dépense prévue pour 1843 est élevé. Tel qu'il est toutefois, il n'accuse point en-

TRADUCTION A MÉDITER POUR 1843.

L'homme d'état, c'est l'œil qui devrait voir d'a-
vance.

Plus d'entraves, de digue aux flots d'or qu'on dé-
pense ;
La mer et ses écueils !.... si d'imprudents abus
Déflorent notre honneur et nos dernier écus,
La France perd le faite où l'Angleterre aspire.
Oui, du devoir je tiens le droit de vous le dire,
De crier qu'on s'arrête, encor s'il en est temps,
Devant le précipice et ses gouffres béants.

Quand des besoins nouveaux chaque année apparaissent,
Vers chaque année aussi d'anciens besoins se pressent,
Et leur urgence entraîne un effrayant concours.

Chaque somme de plus, tout octroi de secours,
Si modique soit-il, pourtant qu'il soit utile,
Aux abords du présent, déjà si difficile,
Hérisse, d'un écueil, mille difficultés ;
Il y va, songez-y, de nos sécurités !...

L'an qui vient, pour le chiffre où roule sa dépense,
Chiffre élevé, qu'on sait dépasser l'exigence

core toute l'étendue des charges de cet exercice.

(M. Félix Réal, député, séance du 29 mai.)

La dette flottante parviendra, en 1843, à la somme considérable de 669 millions, qu'elle n'avait encore atteinte à aucune époque antérieure.

(M. le marquis d'Audiffret, séance du 2 juin.)

Lorsqu'un état laisse introduire le désordre dans ses finances, lorsqu'il est tout-à-coup obligé de s'avouer impuissant à remplir les engagements qu'il a contractés, il n'inspire ni sécurité à ses amis, ni crainte à ses ennemis; il est bientôt menacé par la réxolution ou par la conquête, et il est désarmé devant elle.

(M. Dufaure, député, séance du 16 avril.)

N'ouvrons jamais la caisse publique à des besoins prochains ou éloignés, sans assigner au ministre des finances, par la loi même qui l'oblige, une provision de recette définitive équivalente aux mandats qu'il doit acquitter.

(M. le marquis d'Audiffret, pair de France, séance du 2 juin.)

Nos finances sont puissantes; il est vrai qu'elles

Des charges qu'il accuse, obtiendra, toutefois,
Une augmentation pour d'excédants emplois.

Sachez que, l'an prochain, de la dette flottante,
La trombe emportera, sous sa rude tourmente,
Six cent soixante-neuf millions; que jamais
Age ou siècle n'en vint encore à cet excès.

Lorsqu'un état puissant creuse, dans ses finances,
Le déficit, abîme où courent ses tendances;
Quand un ministre engouffre, avec nos libertés,
Dans ses engagements, l'honneur de nos traités;
Lorsque, comme un failli, par la honte il transige;
Lorsqu'à le confesser la tribune l'oblige;
C'est qu'on n'inspire plus crainte à ses ennemis
Ni confiance aucune à de rares amis.
De front, par la conquête et par la banqueroute,
C'est qu'on est dépassé sur cette fausse route :
La Révolution, debout, reprend son bien.
Désarmé devant elle, on fut, on n'est plus rien.

Ne levons point le sceau de la caisse publique,
Pour des besoins prochains, que l'avenir indique,
Avant que par la loi de son engagement,
Le ministre n'obtienne, aux finances qu'il prend,
Provision de fonds, définitive, égale
Aux mandats qu'à remplir notre vœu lui signale;
Qu'*honneur* et *couardise* auront à contracter;
Mandats que son devoir répondra d'acquitter.

Puissantes, mais hélas! pas assez ménagées,

sont engagées.

(M. de GASPARIN, pair de France, séance du 24
mai 1842.)

Les ressources destinées à l'exécution des chemins de fer ont un caractère éventuel et précaire.

(M. DUFAURE, séance du 16 avril.)

L'entreprise qu'on forme ne demande, pour
prendre un noble essor, qu'une meilleure situation
de nos finances.

(Un autre député ministériel, dans la même séance.)

La France entreprend une tâche hardie, mais
difficile ; elle engage son avenir pour plus de dix
ans, et encore faut-il que ce soit dix ans de prospérité !

(M. LACAVE LAPLAGNE, aujourd'hui ministre des finances, séance du 27 avril 1842.

Nous appelons, en ce moment, le concours de
l'impôt et du crédit, les efforts du présent et les
engagements de l'avenir.

(M. FÉLIX RÉAL, séance du 29 mai.)

Nous nous confions à la fortune de la France.

(M. DUFAURE, séance du 16 avril.)

Nos finances seront pour longtemps engagées.

Les ressources qu'un vote enregistrait hier,
Pour l'exécution de nos chemins de fer,
Au calcul qui les sonde, offrent un caractère
Que l'on doit redouter éventuel et précaire.

Craignons que, pour l'écueil ne sorte un noble essor,
De ce chaos sans fond où se perd le trésor.

La nation s'impose une tâche hardie,
Mais lourde et difficile à l'œil qui l'étudie ;
Elle engage, pour plus de dix ans, l'avenir ,
Que sa prospérité s'oblige de fournir.

Qu'au but national, en ce moment, concoure
L'impôt de tout Français dont le champ se laboure,
Le crédit des cités où le commerce est fort ;
Que le présent nous prête un héroïque effort ;
Vers ses engagements que l'avenir s'élance.

« Nous nous fions à toi, fortune de la France. »

BOURQUILLA.

On me pardonnera, j'espère, d'avoir osé, moi aussi, jeter le cri d'alerte, et voulu propager dans l'esprit de mes concitoyens, une pensée d'inquiétude, d'alarme sur les tendances toujours plus menaçantes de l'Angleterre.

Je ne m'étais d'abord proposé que de jeter un simple coup-d'œil rétrospectif sur la rivalité actuelle de nos voisins avec nous, jusqu'au temps de nos anciens désastres, sur les champs de bataille.

J'avais cru pouvoir, sans inconvénient, rappeler à mes compatriotes que la Gascogne devait être fière de n'avoir pas appartenu alors à la France par suite du divorce aussi mal fondé peut-être qu'impolitique de Louis IX avec Eléonore de Guyenne, qui apporta ses états, sa vengeance et sa main au roi d'Angleterre, et fournit au prince Noir 7000 Gascons sur les 10000 vainqueurs de Poitiers.

Mais des amis, trop confiants en mes forces et ma bonne volonté, m'ont fait quitter ce travail presque terminé, et m'ont poussé, malgré moi, pour ainsi dire, à traiter, à la course, une question déjà trop difficile et trop palpitante d'actualité, pour mon jeune courage. « *Je n'ai donc pas eu le temps d'être plus court;* » et j'ai besoin de compter sur mes bonnes intentions et sur l'indulgence de mes compatriotes.

BOUROUILL

Électeur du département des Bas Pyrénées
et Commerçant, 14, rue de Rivo i à Paris.